Santa Claus on Tram 28: Bilingual Portuguese-English Christmas Stories for Children

Pomme Bilingual

Published by Pomme Bilingual, 2025.

SANTA CLAUS ON TRAM 28: BILINGUAL PORTUGUESE-ENGLISH CHRISTMAS STORIES FOR CHILDREN

First edition. October 6, 2025.

ISBN: 979-8232972493

Written by Pomme Bilingual.

Table of Contents

O Menino e o Presépio

Na véspera de Natal, Lisboa estava envolta num frio suave e perfumada pelo cheiro a castanhas assadas que se espalhava pelas ruas. As luzes cintilavam de varanda em varanda e as janelas das casas brilhavam como pequenas estrelas.

Miguel, um menino de oito anos, vivia num bairro antigo perto do centro. A sua avó passava os dias a preparar sonhos, rabanadas e filhoses, enchendo a casa com aromas doces. Mas o que Miguel mais esperava todos os anos não eram os doces, nem sequer os presentes. Era o presépio gigante da praça da cidade.

Desde muito pequeno, Miguel ficava fascinado com as figuras de barro: os pastores de chapéu largo, as mulheres com cântaros de água, os Reis Magos montados em camelos. Havia até um moinho de vento que rodava lentamente e uma ribeira feita de papel prateado. Para ele, aquele presépio tinha vida própria.

Naquela noite, enquanto todos se preparavam para a ceia, Miguel não conseguia parar de pensar no presépio. Sentia como se algo o chamasse. Então, calçou as botas, embrulhou-se no seu cachecol vermelho e saiu de mansinho pela porta, sem fazer barulho.

As ruas estavam silenciosas, iluminadas apenas pelas lanternas de Natal. Quando chegou à praça, ficou de boca aberta. O presépio parecia ainda maior do que se lembrava, iluminado por luzes douradas que brilhavam como estrelas. Aproximou-se e, de repente, algo extraordinário aconteceu.

O pastor com o chapéu largo moveu a cabeça. A mulher com o cântaro piscou-lhe o olho. Até o burrinho de barro ergueu as orelhas.

Miguel recuou um passo, assustado.

«Não tenhas medo», disse uma voz suave. Era a figura de barro de São José, que agora se movia devagar. «Estamos vivos, mas apenas nesta noite sagrada.»

«Vivos?», murmurou Miguel, maravilhado.

De repente, todo o presépio ganhou vida. Os pastores tocaram flautas, as lavadeiras começaram a cantar, e os Reis Magos ajeitaram as coroas, preparando-se para continuar a sua longa viagem.

Uma estrela enorme brilhou por cima da manjedoura, e Miguel sentiu o coração bater mais depressa.

«Porquê eu?», perguntou o menino, olhando em volta.

Foi então que o burrinho falou, abanando a cauda. «Porque só as crianças conseguem ver-nos. Tu tens olhos que ainda acreditam.»

Miguel sorriu. Sentiu-se especial, como se tivesse sido escolhido para guardar um segredo precioso.

Durante horas, ficou ali a ouvir histórias. O moleiro contou-lhe sobre a paciência de esperar pelo vento. A lavadeira explicou-lhe a alegria de partilhar a água com os vizinhos. E os Reis Magos ensinaram-lhe que a verdadeira riqueza não está no ouro, mas no amor que se dá.

«Lembra-te disto, Miguel», disse São José com um sorriso. «O Natal não é só luzes e presentes. É bondade, partilha e esperança.»

As palavras ficaram gravadas no coração do menino.

De repente, ouviu ao longe as badaladas das doze. Era já meia-noite. A estrela no alto começou a esmorecer e, pouco a pouco, as figuras voltaram a ser de barro. Os pastores congelaram no meio da música, o burrinho voltou a ficar imóvel e a manjedoura caiu em silêncio.

Miguel piscou os olhos. O presépio estava como sempre: bonito, mas quieto. Apenas o seu coração sabia que tinha sido real.

Correu de volta para casa. Quando entrou, a avó sorriu e disse:

«Onde estavas, menino? As rabanadas já arrefeceram!»

Miguel abraçou-a com força. «Estava a ver o presépio, avó. E aprendi que o Natal é para partilhar.»

A avó olhou para ele com ternura, sem perceber totalmente, mas sentindo que o neto tinha mudado.

Nessa noite, à mesa, Miguel partilhou os sonhos de Natal com alegria. No fundo do seu coração, guardava a memória do presépio vivo e o segredo que só as crianças conhecem: no Natal, a magia existe mesmo.

The Boy and the Nativity Scene

On Christmas Eve, Lisbon was wrapped in a gentle cold, filled with the smell of roasted chestnuts drifting through the streets. The lights twinkled from balcony to balcony, and the windows of the houses shone like tiny stars.

Miguel, an eight-year-old boy, lived in an old neighborhood near the city center. His grandmother spent her days preparing sonhos, rabanadas, and filhoses, filling the house with sweet aromas. But what Miguel looked forward to most every year was not the sweets, nor even the presents. It was the giant nativity scene in the town square.

Ever since he was very young, Miguel had been fascinated by the clay figures: the shepherds with wide hats, the women carrying water jugs, and the Three Wise Men riding camels. There was even a windmill that turned slowly and a little stream made of silver paper. To him, that nativity scene had a life of its own.

That night, while everyone was preparing for the Christmas Eve dinner, Miguel couldn't stop thinking about the nativity scene. It felt as if something was calling him. So he put on his boots, wrapped himself in his red scarf, and quietly slipped out the door without making a sound.

The streets were silent, lit only by Christmas lanterns. When he reached the square, his mouth fell open. The nativity scene seemed even bigger than he remembered, illuminated by golden lights that shone like stars. He approached, and suddenly, something extraordinary happened.

The shepherd with the wide hat moved his head. The woman with the water jug winked at him. Even the little clay donkey perked up its ears.

Miguel took a step back, frightened.

"Don't be afraid," said a soft voice. It was the clay figure of Saint Joseph, now moving slowly. "We are alive, but only on this holy night."

"Alive?" murmured Miguel, amazed.

Suddenly, the entire nativity scene came to life. The shepherds played flutes, the washerwomen began to sing, and the Wise Men adjusted their crowns, preparing to continue their long journey.

A huge star shone above the manger, and Miguel felt his heart beat faster.

"Why me?" asked the boy, looking around.

Then the little donkey spoke, wagging its tail. "Because only children can see us. You have eyes that still believe."

Miguel smiled. He felt special, as if he had been chosen to keep a precious secret.

For hours, he stayed there listening to stories. The miller told him about the patience of waiting for the wind. The washerwoman explained the joy of sharing water with neighbors. And the Wise Men taught him that true wealth is not gold, but the love we give.

"Remember this, Miguel," said Saint Joseph with a smile. "Christmas is not just lights and presents. It is kindness, sharing, and hope."

The words were engraved in the boy's heart.

Suddenly, he heard the chimes of twelve from afar. It was midnight. The star above began to fade, and little by little, the figures returned to being clay. The shepherds froze mid-melody, the donkey became still again, and the manger fell silent.

Miguel blinked. The nativity scene was as it always was: beautiful, but quiet. Only his heart knew that it had been real.

He ran back home. When he entered, his grandmother smiled and said,

"Where have you been, boy? The rabanadas have already cooled!"

Miguel hugged her tightly. "I was watching the nativity scene, Grandma. And I learned that Christmas is about sharing."

His grandmother looked at him tenderly, not fully understanding, but sensing that her grandson had changed.

That night, at the table, Miguel shared the Christmas dreams with joy. Deep in his heart, he kept the memory of the living nativity scene and the secret only children know: at Christmas, magic truly exists.

O Bolo-Rei Perdido

Na pequena vila de Montemor, havia todos os anos uma tradição muito especial: o concurso do Maior Bolo-Rei da Região. Padarias e pastelarias competiam, mas era sempre a do senhor Joaquim, a pastelaria "Doce Encanto", que ganhava.

Este ano, porém, o senhor Joaquim tinha feito um bolo-rei absolutamente gigantesco. Era tão grande que ocupava quase toda a montra da pastelaria. A cobertura brilhava com frutas cristalizadas verdes, vermelhas e amarelas, que pareciam pedras preciosas. As crianças colavam os narizes ao vidro só para o admirar.

Mas havia alguém que também não conseguia resistir ao cheiro adocicado e ao brilho das frutas: Pintas, o cão mais guloso da vila.

Pintas era um rafeiro com manchas pretas e brancas, orelhas caídas e um nariz sempre a farejar. Gostava de perseguir gatos, dormir ao sol e, acima de tudo, comer. Podia ser pão, sardinhas, bifanas... mas o que ele adorava mesmo eram doces.

Na véspera de Natal, a praça da vila encheu-se de gente. O senhor Joaquim colocou o enorme bolo-rei em cima de uma mesa comprida. As pessoas aplaudiam e batiam palmas. O presidente da câmara ia chegar para cortar a primeira fatia.

Foi nesse momento que Pintas, atraído pelo cheiro irresistível, se aproximou. Primeiro deu uma lambidela discreta numa cereja.

Depois, com uma rapidez surpreendente, agarrou o bolo-rei inteiro com os dentes e desatou a correr pela rua abaixo.

«O bolo-rei!», gritaram todos em coro.

O senhor Joaquim quase desmaiou.

«Atrás dele!», gritou o padeiro, com a cara vermelha de raiva.

E assim começou a maior perseguição que Montemor alguma vez vira.

As crianças correram atrás do cão, a polícia municipal juntou-se à confusão, e até a banda filarmónica, que ensaiava para a noite de Natal, largou os instrumentos e seguiu o Pintas.

O cão corria pelas ruas estreitas, com o enorme bolo-rei preso no focinho. As passas e frutos cristalizados iam caindo pelo chão, e as pessoas tropeçavam nelas como se fossem berlindes.

Na mercearia da dona Alzira, Pintas passou a correr e deixou cair uma fatia inteira. Dois miúdos agarraram-na no ar e comeram-na logo.

«É delicioso!», gritaram.

Mais à frente, na praça dos pescadores, outra parte do bolo caiu. Os vizinhos apanharam-na e dividiram entre si.

Pouco a pouco, o bolo-rei foi-se espalhando pela vila inteira.

Finalmente, já cansado, Pintas parou no largo da igreja e deitou-se no chão, ofegante, com o que restava do bolo ao seu lado. A multidão alcançou-o.

O senhor Joaquim aproximou-se, bufando de raiva. Mas quando olhou em volta, percebeu o que tinha acontecido: toda a vila estava a comer o bolo. Crianças, velhos, vizinhos, até o padre estava a saborear uma fatia.

E, pela primeira vez, o senhor Joaquim viu sorrisos maiores do que os que recebera em todos os concursos.

O presidente da câmara limpou as migalhas da boca e disse:

«Este foi o melhor bolo-rei de sempre... porque foi partilhado por todos!»

A multidão aplaudiu. Pintas abanou a cauda, orgulhoso.

O senhor Joaquim suspirou, rendido.

«Está bem, está bem... este ano o prémio vai para o Pintas.»

E assim ficou decidido: naquele Natal, o cão guloso ganhou o concurso do Maior Bolo-Rei. E todos na vila perceberam que a verdadeira tradição não era ter o bolo mais bonito, mas sim partilhá-lo.

No dia seguinte, Pintas foi visto a dormir junto à pastelaria "Doce Encanto", com um laço vermelho ao pescoço e um prato de rabanadas só para ele.

The Lost King Cake

In the small village of Montemor, there was a very special tradition every year: the contest for the Biggest King Cake in the Region. Bakeries and pastry shops competed, but it was always Mr. Joaquim's shop, "Doce Encanto," that won.

This year, however, Mr. Joaquim had made an absolutely gigantic king cake. It was so large that it almost filled the entire shop window. The icing sparkled with green, red, and yellow candied fruits that looked like precious stones. Children pressed their noses against the glass just to admire it.

But there was someone who also couldn't resist the sweet smell and the glittering fruits: Pintas, the greediest dog in the village.

Pintas was a mongrel with black and white patches, drooping ears, and a nose that was always sniffing. He liked chasing cats, sleeping in the sun, and, above all, eating. It could be bread, sardines, or pork sandwiches... but what he truly loved were sweets.

On Christmas Eve, the village square filled with people. Mr. Joaquim placed the enormous king cake on a long table. People clapped and cheered. The mayor was about to arrive to cut the first slice.

At that moment, Pintas, drawn by the irresistible smell, approached. First, he gave a discreet lick to a cherry. Then, with surprising speed, he grabbed the entire king cake in his teeth and bolted down the street.

"The king cake!" everyone shouted in unison.

Mr. Joaquim nearly fainted.

"After him!" yelled the baker, his face red with anger.

And so began the biggest chase Montemor had ever seen.

Children ran after the dog, the municipal police joined the commotion, and even the philharmonic band, which was rehearsing for Christmas night, dropped their instruments and followed Pintas.

The dog ran through the narrow streets with the huge king cake stuck in his snout. Raisins and candied fruits fell to the ground, and people tripped over them like marbles.

At Mrs. Alzira's grocery store, Pintas ran past and dropped an entire slice. Two children caught it in mid-air and ate it immediately.

"It's delicious!" they shouted.

Further ahead, at the Fishermen's Square, another part of the cake fell. The neighbors picked it up and shared it among themselves.

Little by little, the king cake spread throughout the entire village.

Finally, exhausted, Pintas stopped in front of the church square and lay down on the ground, panting, with what remained of the cake beside him. The crowd caught up with him.

Mr. Joaquim approached, huffing with anger. But when he looked around, he realized what had happened: the whole village was eating the cake. Children, elders, neighbors, even the priest was savoring a slice.

And for the first time, Mr. Joaquim saw smiles bigger than any he had received at all the contests.

The mayor wiped crumbs from his mouth and said:

"This was the best king cake ever... because it was shared by everyone!"

The crowd applauded. Pintas wagged his tail proudly.

Mr. Joaquim sighed, resigned.

"All right, all right... this year, the prize goes to Pintas."

And so it was decided: that Christmas, the greedy dog won the contest for the Biggest King Cake. And everyone in the village realized that the true tradition was not having the most beautiful cake, but sharing it.

The next day, Pintas was seen sleeping next to the "Doce Encanto" pastry shop, with a red ribbon around his neck and a plate of rabanadas just for him.

O Segredo da Estrela

Naquela noite de dezembro, o mar de Porto Covo brilhava como um manto escuro salpicado de prata. As ondas vinham e iam, levando consigo segredos que só os pescadores sabiam decifrar.

Inês, de dez anos, caminhava pela praia com as botas enterradas na areia fria. Gostava de procurar conchas que o mar deixava e inventar histórias sobre sereias e marinheiros. Mas nessa noite encontrou algo muito diferente.

Entre as redes esquecidas dos pescadores, havia uma luz fraca, como um vaga-lume preso. Inês aproximou-se e viu uma pequena estrela caída, enredada nos fios de nylon.

A estrela tremia, como se tivesse frio.

«Ai!», murmurou Inês, com o coração a bater mais depressa. «Tu és... uma estrela de verdade?»

A estrela piscou suavemente, como se dissesse que sim.

Com cuidado, Inês libertou-a da rede. Ao tocá-la, sentiu um calor suave, como se estivesse a segurar um pedaço de sol.

«Obrigada», disse a estrela numa voz fininha, quase um sussurro. «Cai do céu e já não consigo brilhar sozinha.»

Inês ficou em silêncio. Nunca imaginara que uma estrela pudesse falar.

«O que posso fazer para te ajudar?», perguntou.

A estrela suspirou. «Só voltarei a brilhar se espalhar luz aos outros. Não posso guardar tudo para mim.»

Inês pensou por um momento. Depois sorriu. «Então vem comigo.»

Caminhou até ao vilarejo com a estrela escondida entre as mãos. À medida que passava pelas casas, aproximava-a das janelas. Cada vez que a estrela se inclinava, um brilho dourado espalhava-se para dentro: sobre uma mesa pobre, onde uma família partilhava caldo verde; sobre um quarto pequeno, onde um pescador remendava as suas redes; sobre uma cama onde uma avó adormecia com um rosário nas mãos.

E em cada casa, como por magia, os rostos iluminavam-se de esperança.

A estrela começava a brilhar mais forte.

No largo da igreja, Inês levantou-a bem alto. A estrela lançou um feixe de luz sobre a árvore de Natal improvisada, feita com ramos de pinheiro e fitas de pano. De repente, todo o largo se iluminou como se fosse dia.

As pessoas saíram das casas, espantadas. Crianças riram, velhos sorriram, e alguém começou a cantar um cântico. A vila inteira encheu-se de alegria.

A estrela olhou para Inês. «Agora consigo voltar ao céu. Mas antes quero dar-te um presente.»

Uma centelha brilhou e pousou no coração da menina. «Sempre que deres algo de ti aos outros, essa luz acender-se-á de novo.»

Inês sentiu o peito quente, como se tivesse uma chama lá dentro.

A estrela subiu devagar ao céu, cada vez mais pequena, até se perder entre milhares de outras. Mas Inês sabia distinguir qual era a sua. Era aquela que piscava de forma especial, como se sorrisse só para ela.

Na manhã seguinte, a vila acordou com um rumor: «A luz da nossa árvore brilhou como nunca! Foi milagre?»

Inês apenas sorriu em silêncio. Dentro de si, sabia o segredo: o Natal começa sempre quando partilhamos a nossa luz com os outros.

The Secret of the Star

That December night, the sea at Porto Covo shimmered like a dark cloak sprinkled with silver. The waves came and went, carrying secrets that only the fishermen knew how to decipher.

Inês, ten years old, walked along the beach with her boots sinking into the cold sand. She loved searching for seashells left by the sea and inventing stories about mermaids and sailors. But that night, she found something very different.

Among the fishermen's forgotten nets, there was a faint light, like a trapped firefly. Inês approached and saw a small fallen star, tangled in the nylon threads.

The star trembled, as if it were cold.

"Ah!" murmured Inês, her heart beating faster. "You are... a real star?"

The star flickered gently, as if to say yes.

Carefully, Inês freed it from the net. When she touched it, she felt a gentle warmth, as if she were holding a piece of the sun.

"Thank you," said the star in a tiny, almost whispering voice. "I fell from the sky and can no longer shine on my own."

Inês was silent. She had never imagined a star could talk.

"What can I do to help you?" she asked.

The star sighed. "I will only shine again if I spread light to others. I cannot keep it all for myself."

Inês thought for a moment, then smiled. "Then come with me."

She walked to the village, holding the star carefully in her hands. As she passed each house, she brought it close to the windows. Every time the star leaned, a golden glow spread inside: over a humble table where a family shared caldo verde; over a small room where a fisherman repaired his nets; over a bed where a grandmother slept, rosary in hand.

And in each home, as if by magic, faces lit up with hope.

The star began to shine brighter.

In the church square, Inês lifted it high. The star cast a beam of light over the makeshift Christmas tree, made of pine branches and fabric ribbons. Suddenly, the entire square was illuminated as if it were daytime.

People came out of their homes, astonished. Children laughed, the elderly smiled, and someone began to sing a carol. The whole village filled with joy.

The star looked at Inês. "Now I can return to the sky. But first, I want to give you a gift."

A spark shone and settled in the girl's heart. "Whenever you give something of yourself to others, this light will shine again."

Inês felt her chest warm, as if a small flame burned within.

The star slowly rose into the sky, growing smaller and smaller until it was lost among thousands of others. But Inês knew which one was hers. It was the one that twinkled in a special way, as if smiling just for her.

The next morning, the village awoke to whispers: "The light of our tree shone like never before! Was it a miracle?"

Inês only smiled quietly. Deep inside, she knew the secret: Christmas always begins when we share our light with others.

O Burro da Noite Feliz

Numa quinta nas montanhas do Minho vivia um burro chamado Tobias.

Tobias não era um burro qualquer. Tinha orelhas enormes, um pelo cinzento desalinhado e um coração cheio de sonhos.

Todos os dias ajudava o senhor Manuel a carregar sacos de batatas, lenha ou fardos de palha. Trabalhava sem se queixar, mas dentro dele havia sempre um pensamento escondido:

«Um dia vou ser importante. Um dia vou ter a minha própria história de Natal.»

As galinhas riam-se dele.

«Um burro importante? Ah, ah, ah!»

As cabras abanavam as cabeças.

«Deixa-te de disparates, Tobias. Burros só servem para carregar peso.»

Mas Tobias continuava a sonhar.

Na véspera de Natal, a quinta ficou coberta por um manto de neve branca. O senhor Manuel preparava-se para ir à missa do galo, mas de repente chegaram dois meninos aflitos.

«Senhor Manuel!», chorava o mais velho. «Perdemo-nos no caminho da serra. A minha irmãzinha está cansada e com frio.»

O senhor Manuel coçou a cabeça. As estradas estavam cobertas de neve, e a noite já caía.

Foi então que Tobias deu um passo em frente e zurrou bem alto:

«Ihóóó!»

Era como se dissesse: «Levem-me! Eu posso ajudar!»

O senhor Manuel olhou para ele e sorriu.

«Talvez tenhas razão, Tobias.»

Colocaram a menina às costas do burro e seguiram pelo caminho gelado. Tobias avançava com passos firmes, sentindo a neve a ranger debaixo das patas. A cada curva, abanava as orelhas para ouvir melhor, como se fossem antenas.

A menina, enroscada no seu dorso, murmurava:

«Obrigada, burrinho.»

As palavras aqueciam-lhe o coração.

A noite estava escura, mas de repente o céu abriu-se e uma estrela muito brilhante apareceu. Tobias ergueu a cabeça e seguiu a luz, como se ela lhe mostrasse o caminho.

Depois de longas horas a subir e a descer trilhos, chegaram ao povoado iluminado pelas lanternas da igreja. Os sinos tocavam a anunciar a missa do galo.

Os aldeões aplaudiram quando viram Tobias a entrar com os meninos.

«Bravo! Bravo! O burrinho salvou-os!»

O senhor Manuel encheu-se de orgulho.

«Este é o meu Tobias, o burro da Noite Feliz.»

Tobias olhou em volta. Pela primeira vez, não se sentiu apenas um burro de carga. Sentiu-se especial, importante, necessário.

Naquela noite, ao regressar à quinta, deitou-se no palheiro e fechou os olhos.

«Agora já tenho a minha história de Natal», pensou.

E, enquanto a neve caía suavemente, Tobias adormeceu com um sorriso, sonhando com estrelas e caminhos iluminados.

The Silent Night Donkey

On a farm in the mountains of Minho, there lived a donkey named Tobias.

Tobias was no ordinary donkey. He had enormous ears, shaggy gray fur, and a heart full of dreams.

Every day he helped Mr. Manuel carry sacks of potatoes, firewood, or bales of straw. He worked without complaining, but deep inside, there was always a hidden thought:

"One day I will be important. One day I will have my own Christmas story."

The chickens laughed at him.

"An important donkey? Ha, ha, ha!"

The goats shook their heads.

"Stop with the nonsense, Tobias. Donkeys are only for carrying loads."

But Tobias kept on dreaming.

On Christmas Eve, the farm was covered by a blanket of white snow. Mr. Manuel was getting ready to go to Midnight Mass, when suddenly two distressed children arrived.

"Mr. Manuel!" cried the older one. "We got lost on the mountain path. My little sister is tired and cold."

Mr. Manuel scratched his head. The roads were covered with snow, and night was already falling.

That's when Tobias stepped forward and brayed loudly:

"Hee-haw!"

It was as if he were saying: "Take me! I can help!"

Mr. Manuel looked at him and smiled.

"Perhaps you're right, Tobias."

They placed the little girl on the donkey's back and followed the icy path. Tobias moved with steady steps, feeling the snow crunch beneath his hooves. At every turn, he twitched his ears to listen better, as if they were antennas.

The girl, curled up on his back, murmured:

"Thank you, little donkey."

Her words warmed his heart.

The night was dark, but suddenly the sky opened, and a very bright star appeared. Tobias lifted his head and followed the light, as if it were showing him the way.

After long hours of climbing and descending trails, they reached the village, lit by the lanterns of the church. The bells rang to announce Midnight Mass.

The villagers applauded when they saw Tobias enter with the children.

"Bravo! Bravo! The little donkey saved them!"

Mr. Manuel swelled with pride.

"This is my Tobias, the Silent Night Donkey."

Tobias looked around. For the first time, he didn't feel like just a pack donkey. He felt special, important, needed.

That night, upon returning to the farm, he lay down in the hayloft and closed his eyes.

"Now I have my Christmas story," he thought.

And as the snow fell softly, Tobias fell asleep with a smile, dreaming of stars and illuminated paths.

A Lanterna de Natal

Nas ilhas dos Açores, o inverno chegava com vento forte e chuva miudinha. As ondas batiam contra as rochas negras e o cheiro a maresia enchia o ar.

No entanto, mesmo no meio da tempestade, as casas de pedra tinham sempre uma janela iluminada, e lá dentro ouvia-se riso, música e cheiro a canela.

Numa dessas casas vivia a pequena Leonor. Tinha sete anos, cabelos encaracolados e olhos que brilhavam de curiosidade.

Na véspera de Natal, Leonor queria fazer algo especial. A mãe tinha preparado rabanadas e o pai ia acender a lareira, mas ela queria oferecer ao mundo uma luz só dela.

Procurou pela cozinha até encontrar uma laranja fresca, perfumada, que a avó tinha guardado numa cesta.

Com uma faca pequena — e muito cuidado — Leonor retirou o interior e transformou a casca numa pequena tigela redonda. Fez uns recortes nas laterais e colocou dentro uma vela pequenina.

Quando acendeu a chama, a laranja brilhou como um sol em miniatura. O cheiro doce espalhou-se pela cozinha.

«Vou pôr isto na janela», disse Leonor, sorridente. «Será a minha lanterna de Natal.»

A mãe sorriu, pensando que era apenas mais uma das ideias criativas da filha. Mas Leonor levou a lanterna até ao peitoril da janela, e a chama iluminou a rua escura.

Do outro lado, a vizinha Dona Rosa espreitou e disse:

«Que bonito! Também vou fazer uma lanterna!»

Pegou numa laranja, fez o mesmo e colocou-a na sua janela.

Mais abaixo, o pescador Manuel viu as duas luzes a brilhar e comentou:

«Se calhar também posso pôr uma.»

Em poucos minutos, cada casa da rua tinha a sua lanterna de laranja acesa. As crianças riam-se ao ver as chamas a dançar, e até os mais velhos sentiram o coração aquecer.

De repente, a aldeia inteira parecia um céu estrelado em miniatura. As pequenas lanternas, juntas, formavam um caminho de luz que se via até ao porto.

Os pescadores, que regressavam tarde do mar, ficaram maravilhados ao avistar as luzes cintilantes.

«Parece que o céu desceu à terra!», exclamou um deles.

Leonor observava pela janela, orgulhosa. Nunca imaginara que a sua pequena lanterna de Natal pudesse iluminar toda a vila.

Naquela noite, ao deitar-se, a avó beijou-lhe a testa e disse:

«Vês, Leonor? Às vezes basta uma chama pequenina para acender a esperança de muitos.»

E Leonor adormeceu a pensar nisso, com um sorriso sereno.

The Christmas Lantern

In the Azores, winter arrived with strong winds and fine rain. The waves crashed against the black rocks, and the scent of the sea filled the air.

Yet, even in the middle of the storm, the stone houses always had a lit window, and inside you could hear laughter, music, and the smell of cinnamon.

In one of these houses lived little Leonor. She was seven years old, with curly hair and eyes that sparkled with curiosity.

On Christmas Eve, Leonor wanted to do something special. Her mother had prepared rabanadas, and her father was about to light the fireplace, but she wanted to offer the world a light of her own.

She searched through the kitchen until she found a fresh, fragrant orange that her grandmother had kept in a basket.

With a small knife—and very carefully—Leonor removed the inside and turned the peel into a small round bowl. She made some cutouts on the sides and placed a tiny candle inside.

When she lit the flame, the orange shone like a miniature sun. The sweet scent spread through the kitchen.

"I'm going to put this in the window," said Leonor, smiling. "It will be my Christmas lantern."

Her mother smiled, thinking it was just another one of her daughter's creative ideas. But Leonor took the lantern to the windowsill, and the flame lit up the dark street.

Across the way, their neighbor, Mrs. Rosa, peeked out and said:

"How beautiful! I'm going to make a lantern too!"

She grabbed an orange, did the same, and placed it in her window.

Further down, the fisherman Manuel saw the two lights shining and commented:

"Maybe I can put one up too."

Within minutes, every house on the street had its own glowing orange lantern. The children laughed as they watched the flames dance, and even the elders felt their hearts warm.

Suddenly, the entire village looked like a miniature starry sky. The little lanterns together formed a path of light that could be seen all the way to the harbor.

The fishermen, returning late from the sea, were amazed to see the twinkling lights.

"It's as if the sky has come down to earth!" exclaimed one of them.

Leonor watched from the window, proud. She had never imagined that her little Christmas lantern could light up the entire village.

That night, as she went to bed, her grandmother kissed her forehead and said:

“Do you see, Leonor? Sometimes all it takes is a tiny flame to ignite hope in many hearts.”

And Leonor fell asleep thinking about that, with a serene smile.

O Pai Natal no Eléctrico 28

Lisboa, véspera de Natal. As ruas estavam enfeitadas com luzes douradas, e o cheiro a castanhas assadas misturava-se com o som das guitarras que ecoavam nos becos de Alfama.

Tomás, um menino de nove anos, estava colado à janela do elétrico 28, aquele amarelinho que subia e descia as colinas, rangendo nas curvas estreitas. Adorava viajar nesse elétrico, que parecia contar segredos antigos da cidade.

De repente, ao virar a cabeça, Tomás viu algo que o fez quase engasgar-se com o rebuçado que estava a chupar. Sentado no banco do fundo estava... o Pai Natal.

Sim, o verdadeiro Pai Natal: de barbas brancas, fato vermelho e botas pretas. Mas, em vez de um trenó, viajava calmamente no elétrico 28, com um saco vermelho pousado ao lado.

Tomás piscou os olhos. Talvez fosse um disfarce? Um artista de rua? Mas quando o homem de vermelho lhe piscou o olho e lhe ofereceu um sorriso cúmplice, o coração de Tomás disparou.

«É mesmo ele!», sussurrou para si próprio.

O elétrico parou em frente à Sé. Subiram mais passageiros: uma senhora com sacos de compras, dois turistas a tirar fotografias e um senhor com um violino. Ninguém parecia reparar em Pai Natal. Só Tomás o observava atentamente.

De repente, uma criança pequena começou a chorar porque tinha perdido o seu boneco de pano. Pai Natal abriu o saco e, como por magia, tirou de lá um boneco igualzinho. Entregou-o à menina, que parou de chorar de imediato.

Tomás arregalou os olhos. «É mesmo o verdadeiro!»

Mais à frente, uma senhora deixou cair uma caixa com sonhos de Natal. A tampa abriu-se e os sonhos rolaram pelo chão do elétrico. Pai Natal inclinou-se, estalou os dedos, e de repente a caixa estava cheia outra vez, como se nada tivesse acontecido.

As pessoas agradeciam distraídas, sem perceber a magia. Só Tomás via tudo.

Quando o elétrico chegou ao Miradouro da Graça, Pai Natal levantou-se. Antes de sair, pousou a mão no ombro do menino.

«Obrigado por acreditares», disse com uma voz profunda, mas suave. «Sem crianças como tu, a magia não existiria.»

Tomás engoliu em seco. Queria fazer mil perguntas, mas não conseguiu dizer nada. Apenas acenou, com um sorriso enorme.

Pai Natal saiu, e no mesmo instante desapareceu na noite estrelada, como se fosse apenas uma sombra vermelha.

O elétrico continuou a sua viagem, chiando pelas ruas estreitas. Os outros passageiros conversavam, riam, distraídos. Só Tomás sabia o que realmente tinha acontecido.

Quando chegou a casa, correu para a mãe e disse:

«Mãe! Vi o Pai Natal no elétrico 28!»

A mãe sorriu, sem acreditar.

«Claro que sim, Tomás. O Pai Natal anda sempre muito ocupado nesta altura.»

Tomás não insistiu. Guardou o segredo para si, mas ao deitar-se olhou pela janela e viu, ao longe, uma sombra vermelha a passar pelo céu.

Sorriu e pensou:

«O Pai Natal pode andar de trenó... mas também sabe viajar de elétrico.»

E adormeceu, embalado pelo som longínquo de campainhas e pelo ranger imaginário do elétrico 28 a subir as colinas de Lisboa.

Santa Claus on Tram 28

Lisbon, Christmas Eve. The streets were decorated with golden lights, and the smell of roasted chestnuts mixed with the sound of guitars echoing through the alleys of Alfama.

Tomás, a nine-year-old boy, was pressed against the window of Tram 28—the little yellow one that climbed and descended the hills, creaking around the narrow curves. He loved traveling on that tram, which seemed to whisper the city's old secrets.

Suddenly, as he turned his head, Tomás saw something that made him almost choke on the candy he was sucking. Sitting on the back seat was... Santa Claus.

Yes, the real Santa Claus: white beard, red suit, and black boots. But instead of a sleigh, he was calmly riding Tram 28, with a red sack resting beside him.

Tomás blinked. Maybe it was a disguise? A street performer? But when the man in red winked at him and offered a knowing smile, Tomás's heart raced.

"It's really him!" he whispered to himself.

The tram stopped in front of the Sé. More passengers got on: a lady with shopping bags, two tourists taking photographs, and a man with a violin. No one seemed to notice Santa Claus. Only Tomás watched him closely.

Suddenly, a little child began to cry because she had lost her cloth doll. Santa Claus opened his sack and, as if by magic, pulled out an identical doll. He handed it to the girl, who immediately stopped crying.

Tomás's eyes widened. "He's really the real one!"

A little further along, a lady dropped a box of Christmas dreams. The lid flew open, and the pastries tumbled across the tram floor. Santa leaned over, snapped his fingers, and suddenly the box was full again, as if nothing had happened.

People thanked him distractedly, unaware of the magic. Only Tomás saw everything.

When the tram reached the Miradouro da Graça, Santa Claus stood up. Before stepping off, he placed his hand on the boy's shoulder.

"Thank you for believing," he said in a deep yet gentle voice. "Without children like you, the magic would not exist."

Tomás swallowed hard. He wanted to ask a thousand questions, but couldn't say anything. He just waved, wearing a huge smile.

Santa Claus stepped off, and in that instant, disappeared into the starry night, as if he were just a red shadow.

The tram continued its journey, squeaking through the narrow streets. The other passengers chatted and laughed, oblivious. Only Tomás knew what had really happened.

When he got home, he ran to his mother and said:

"Mom! I saw Santa Claus on Tram 28!"

His mother smiled, not fully believing him.

"Of course, Tomás. Santa Claus is always very busy at this time of year."

Tomás didn't insist. He kept the secret to himself, but when he went to bed, he looked out the window and saw, in the distance, a red shadow passing across the sky.

He smiled and thought:

"Santa can travel by sleigh... but he also knows how to ride the tram."

And he fell asleep, lulled by the distant sound of bells and the imagined creak of Tram 28 climbing the hills of Lisbon.

www.ingramcontent.com/pod-product-compliance
Lightning Source LLC
LaVergne TN
LVHW012154031225
826978LV00040B/865
* 9 7 9 8 2 3 2 9 7 2 4 9 3 *